AF379613

# GUÍA DE LECTURA

Escrita por Juan Pablo González Olaya


# La insoportable levedad del ser

## de Milan Kundera

GUÍA DE LECTURA

# Entiende fácilmente la literatura con

Resumen
Express.com

www.resumenexpress.com

# MILAN KUNDERA

## LA NARRACIÓN Y LA REFLEXIÓN FILOSÓFICA

- **Nacido en 1929 en Brno (antigua Checoslovaquia)**
- **Premios literarios:**
  - Premio Médicis Extranjero (1973)
  - Premio Jerusalén (1985)
  - Premio Austriaco de Literatura Europea (1987)
  - Premio Herder (2000)
  - Premio Mundial Cino Del Duca (2009)
- **Algunas de sus obras:**
  - *El hombre es mi jardín* (1968), poesía
  - *El libro de los amores ridículos* (1973), relatos
  - *La ignorancia* (2000), novela
  - *La fiesta de la insignificancia* (2013), novela

Milan Kundera nació en Checoslovaquia en 1929. Su padre, un importante músico de la época, le inculcó el amor por la música y le enseñó a tocar el piano. Kundera estudió Musicología y Composición Musical antes de comenzar su carrera en Literatura y Estética en la Universidad Carolina de Praga. Al cabo de dos semestres abandonó la universidad y decidió ingresar a la Facultad de Cine de la Academia de Praga, donde más tarde ejerció como profesor de Cine durante varios años.

Tras la invasión de Checoslovaquia por parte de la Unión Soviética, Kundera perdió su trabajo y sus novelas fueron prohibidas en su país. En 1975 emigró a Francia, donde dio clases en la Universidad de Rennes y en la École des Hautes Études de París.

En la actualidad, Milan Kundera sigue siendo un escritor de gran importancia a nivel internacional, considerado por sus críticos y lectores como uno de los novelistas más importantes de Europa, y cuyo trabajo ha sido traducido a múltiples lenguas. En 2013 se publicó su novela más reciente, *La fiesta de la insignificancia*. Año tras año se escuchan rumores de su nominación al Premio Nobel de Literatura, pero hasta el momento el premio no ha caído en sus manos.

# LA INSOPORTABLE LEVEDAD DEL SER

## «SI EL HOMBRE SÓLO PUEDE VIVIR UNA VIDA ES COMO SI NO VIVIERA EN ABSOLUTO»

- **Género:** novela de ficción filosófica
- **Edición de referencia:** Kundera, Milan. 1985. *La insoportable levedad del ser*. Traducido por Fernando Valenzuela. España: Tusquets
- **Primera edición:** 1984
- **Temáticas:** ligereza y sentido de la vida, amor, política

*La insoportable levedad del ser* pertenece a un género difícil de definir, a una tradición compartida con autores como Umberto Eco o Jorge Luis Borges en la cual se mezcla la narrativa con altas dosis de reflexión filosófica. Sin embargo, el lector se equivoca si cree que al navegar por sus páginas se encontrará con una disertación pesada e ininteligible. La magia de la novela radica en la manera sencilla con la que desarrolla temas complejos como el amor o el significado de la existencia. A lo largo de *La insoportable levedad del ser* se entremezclan las vidas de Tomás, un cirujano checo; de Teresa, su esposa y el amor de su vida; de Sabina, su amante favorita, y finalmente de Franz, uno de los amantes de Sabina. Mientras tanto, la Primavera de Praga llega a su fin y la invasión soviética amenaza con destruir los ideales liberales que habían florecido en el interior de Checoslovaquia. La invasión fractura las vidas de Teresa y Tomás y los obliga a enfrentarse a sus debilidades morales y a reflexionar sobre la manera en que escogen vivir sus relaciones amorosas.

Al leer esta novela el lector se verá inmerso en un mundo que mezcla con elegancia la novela histórica, la reflexión política, las preguntas filosóficas y el erotismo; una elegancia que no hace más que reafirmar el hecho de que esta obra es la pieza más importante de Kundera. En los últimos años, con el regreso del extremismo político a Europa y al resto de Occidente, el interés por *La insoportable levedad del ser* también ha resurgido. El lector contemporáneo encontrará que, como toda gran obra de arte, estos pasajes anclados tan firmemente en un periodo histórico concreto se resisten al paso del tiempo y conservan su frescura y vigencia.

¿Sabía que...?

La invasión por parte de la Unión Soviética y los miembros del Pacto de Varsovia a Checoslovaquia se dio como una reacción a la Primavera de Praga. Durante este periodo, que duró apenas unos meses (entre enero y agosto de 1968), se llevó a cabo la modificación progresiva de muchas políticas totalitarias del régimen soviético. Entre las reformas adelantadas por este movimiento se encontraban la protección de la libertad de prensa, el derecho a la huelga y la existencia de múltiples partidos políticos. Llegada la invasión, estas políticas liberales fueron revocadas y los disidentes que rechazaron estas transformaciones fueron perseguidos.

# RESUMEN

## LA HUIDA

La historia comienza en Praga a finales de los años sesenta. El narrador nos presenta a Tomás, un médico checo, divorciado y mujeriego que tiene una relación casi inexistente con sus padres y el hijo producto de su matrimonio fallido (accede a pagar su manutención pero se niega a verlo y a sentir cariño por él). Tomás se enamora de Teresa, quien llega a Praga en busca de oportunidades laborales. Terminan casándose, pero Tomás no detiene sus aventuras con otras mujeres, pues siente que amor y sexo son dos cosas separadas. Las infidelidades de Tomás le causan celos enfermizos a Teresa que, debido a la situación, sufre pesadillas. No obstante, la mujer es incapaz de abandonar a su marido. Entre los dos adoptan a un perrito, Karenin, con el cual Teresa se encariña.

La invasión soviética irrumpe súbitamente. Teresa se dedica a fotografiar las crueldades de la invasión y logra reconocimiento tras la publicación de sus fotografías. Desafortunadamente, el clima político se hace cada vez más peligroso y la pareja se ve obligada a abandonar Praga y radicarse en Suiza, hacia donde también ha emigrado Sabina, la amante favorita de Tomás. Al cabo de unos meses, incapaz de vivir por más tiempo en el extranjero, Teresa regresa a Praga, dejando solo una carta explicando las razones de su partida. Inicialmente, Tomás se siente satisfecho por poder volver a sus andanzas como soltero, sin embargo, pronto se da cuenta de que estar con Teresa es parte de su destino y toma la decisión de volver a su país para estar con ella. Una vez allí, se arrepiente de su decisión. En un estado reflexivo, incapaz de quedarse dormido debido al ruido de los aviones invasores, Tomás se da cuenta de que su relación con Teresa es poco más que el resultado de una cadena de casualidades que los llevaron a conocerse.

Entre tanto, la narración explora otra relación amorosa. Sabina es una pintora talentosa y una mujer sexualmente liberada. En Ginebra se hace amante de Franz, un académico que se encuentra insatisfecho con su matrimonio. Enseguida queda claro que Sabina y Franz se entienden poco. Sus gustos e ideales políticos difieren e incluso la comunicación entre los dos se ve en ocasiones truncada. Con todo, Franz decide que quiere establecerse con Sabina y abandona a Marie-Claude, su mujer, después de un disgusto en una fiesta. Le confiesa que le es infiel y se va de casa en busca de su amante, convencido de que ahora podrá vivir junto a Sabina. Sin embargo, esta se siente presionada y lo abandona al día siguiente sin avisar. Sabina medita sobre la cadena de traiciones que ha caracterizado su vida desde muy joven y se pregunta por las consecuencias que podría acarrearle seguir por ese camino. Franz, por su parte, descubre que es feliz sin esta mujer y comienza una relación con una de sus estudiantes.

Años después, viviendo su exilio en París, Sabina recibe una carta del hijo de Tomás, quien le escribe porque cree que es muy buena amiga de su padre. En la carta le informa que Tomás y Teresa han muerto en un accidente automovilístico.

## DOS AÑOS EN PRAGA

La narración regresa a explorar la vida de Tomás y Teresa en Praga. Viven ocupados, y sus horarios no les permiten verse más que a la hora del desayuno. Tomás escribe un artículo en el cual utiliza la figura de Edipo para criticar al régimen comunista; como se niega a firmar una retracción del artículo pierde su trabajo. Para evitar que la policía lo persiga decide volverse poco importante, así que se pone a trabajar como limpiador de ventanas. Dos disidentes contactan con él; uno de ellos es el hijo que tuvo con su esposa anterior. Ellos también buscan que firme algo: se trata de una petición en contra del tratamiento cruel a los prisioneros políticos. Tomás piensa en las posibles consecuencias y se niega a firmar.

Mientras tanto, Teresa ya no puede dedicarse a la fotografía, así que consigue trabajo atendiendo en el bar de un hotel. Tomás continúa con sus aventuras sexuales, ayudado por las posibilidades que le brinda su trabajo como limpiador de ventanas. Los celos de Teresa se hacen cada vez más intensos y eventualmente empieza a coquetear con los clientes del bar. Aunque lo hace torpemente, sin sutileza, logra comenzar una relación clandestina con un ingeniero. Entonces, la mujer explora la infidelidad en un intento por vivir la vida como lo hace Tomás y liberarse de los prejuicios que tiene alrededor de la desnudez y la naturalidad del cuerpo. Incluso se deja fotografiar desnuda por su amante. Sin embargo, no logra encontrar satisfacción en la aventura.

Ante el clima político turbio y el dolor emocional que las aventuras de Tomás le causan a Teresa, la pareja decide abandonar la ciudad e irse a vivir al campo. Tomás sabe que se trata del final de sus andanzas eróticas, pero reconoce que estaría dispuesto a abandonar cualquier felicidad por su esposa.

## LA MUERTE DE TODOS

La narración recae momentáneamente sobre Sabina, quien años después se encuentra viviendo en los Estados Unidos, escondiendo el hecho de que es una exiliada checa por temor a que interpreten su trabajo como el producto de un artista perseguido. Sabina reflexiona sobre su odio por la política y asocia esta última con el sentimentalismo manipulativo propio del *kitsch*. Eventualmente, la mujer se va a vivir a California, donde logra alejarse cada vez más geográfica y emocionalmente de su país. Escribe un testamento declarando que quiere ser incinerada y que sus cenizas sean esparcidas.

Franz, que ahora vive en Ginebra con su nueva amante, recibe la invitación de unos amigos para unirse a una marcha en Camboya. A pesar de que inicialmente se niega a asistir, Franz asocia la situación política en Camboya con la que vive el país de su amada Sabina y acaba formando parte de la comitiva. La marcha resulta ser un fiasco. De regreso en Bangkok, frente a su hotel, es atacado por unos hombres que pretenden robarle y las heridas lo dejan parapléjico. Franz muere bajo el cuidado de la odiada Marie-Claude mientras añora la compañía de su amante, la estudiante de las gafas grandes.

Simón, el hijo de Tomás, se va a vivir al campo, donde comienza una relación por corresponden-cia con su padre. Después de la muerte de este se dedica a intercambiar cartas con Sabina.

La novela da un salto temporal hacia el pasado y termina con Tomás y Teresa trabajando y viviendo en el campo. Allí, alejados de la inesta-bilidad política y de las infidelidades, finalmente viven en paz. Tomás ahora conduce un camión que transporta a los campesinos a trabajar en el campo, mientras que su esposa se encarga de pasear las terneras de la cooperativa. Cierto día le diagnostican cáncer a Karenin y el animal debe ser sacrificado. Teresa, entristecida por la suerte del perrito, reflexiona en torno a su amor por los animales y se da cuenta de que los prefiere por encima de las personas; ama más a Karenin que a su propio esposo.

Una noche hay una fiesta en el pueblo. Teresa le confiesa a Tomás que se siente culpable de causar todas las infelicidades de su vida: siente que sin ella Tomás todavía sería un cirujano exitoso, viviendo en Zúrich, cumpliendo con su misión. Su esposo le responde con algo de alivio que su vida no tiene misión y que en ese lugar, junto a ella, es feliz.

### ¿Sabía que...?

*La insoportable levedad del ser* está en constante diálogo con un concepto filosófico conocido como el «eterno retorno». Según esta teoría, el tiempo no transcurre de manera lineal sino cíclica, repitiendo eventos, ideas y personas en una suerte de espiral continua. El eterno retorno es una noción encontrada en la cultura egipcia y griega, además de en religiones como el hinduismo. El concepto fue rescatado y popularizado en Occidente a través obra filosófica de Nietzsche. Al interior de la novela, esta repetición dota de pesadez y significado la existencia humana. Sin embargo, Kundera considera que el eterno retorno no existe y, por lo tanto, vivir una vida con sentido es imposible.

# ESTUDIO DE LOS PERSONAJES

Al intentar hablar sobre los personajes de Kundera ocurre algo fascinante: la constatación de que las descripciones físicas son escasas y que, cuando las hay, estas no dicen demasiado. Esto se debe a que el autor creía que este tipo de descripciones debían ser vagas para así ser complementadas satisfactoriamente por los procesos mentales del lector. En cambio, encontramos que el narrador profundiza en las ideas, creencias y estados emocionales de sus personajes creando personalidades que son complejas y vívidas.

## TOMÁS

Es un médico checo en los cuarenta que cuenta con reconocimiento internacional dentro de su profesión como cirujano. Es un hombre inteligente que pertenece a la élite cultural de su país, pero ansía una vida sencilla y la libertad que esa sencillez conlleva. Es por esto que, cuando pierde su trabajo, escoge dedicarse a lavar ventanas, un trabajo sin complicaciones que le brinda oportunidades para encontrar múltiples aventuras sexuales.

Tomás es un mujeriego que considera el sexo y el amor como dos cosas inevitablemente separadas, por lo cual puede conciliar su amor por su esposa, Teresa, y los encuentros con sus varias amantes. Su visión sobre las relaciones amorosas se encuentra sintetizada a la perfección en su curiosa regla del número tres:

> «Es posible ver a una mujer varias veces seguidas, pero en tal caso no más de tres veces. También es posible mantener una relación durante años, pero con la condición de que entre cada encuentro pasen al menos tres semanas» (Kundera 1985, 18).

Adicionalmente, Tomás encarna un sentir que podría ser llamado anticomunista, pero que en realidad se trata de una profunda desconfianza hacia toda forma de política organizada.

## TERESA

Es una mujer inocente, autodidacta y de un origen menos privilegiado que Tomás. Desde muy joven estuvo en busca de un hombre culto que le pudiera dar la vida sofisticada que tanto deseaba, una vida que fuera la negación del contexto inculto y ordinario que su madre —que la maltrataba y la acusaba de ser la fuente de su infelicidad— le proveyó. Sin embargo, Teresa siente por ella un fuerte amor no correspondido y el deseo de hacerse merecedora de su cariño.

Tiene una relación compleja con su propio cuerpo: le gusta admirarse ante el espejo, pero la desnudez y las funciones corporales le parecen vergonzosas, a tal punto que su actitud despierta risa en su madre y que una colega suiza la acusa de ser puritana.

A diferencia de su marido, posee una faceta políticamente activa que se expresa en su trabajo periodístico en la invasión soviética, durante la cual se obsesiona con producir fotografías que denuncien las injusticias de los soldados invasores.

Aunque las infidelidades de Tomás le hacen daño, Teresa hace poco por evitarlas. Durante la mayor parte de la narración se ve atormentada por sus celos y es solamente cuando se van a vivir al campo que las posibles aventuras de Tomás se ven limitadas y ella por fin encuentra satisfacción en el amor.

## SABINA

Es una artista checa que eventualmente debe vivir en el exilio. Es una mujer liberada y sofisticada, motivos por los que, a pesar de ser la amante favorita de su esposo, despierta la admiración de Teresa.

Su existencia entera se articula alrededor de una fascinación por la traición y por la excitación que le causa el desarraigo. Sabina ve en la traición una especie de libertad radical, aunque entiende que sus acciones probablemente le ocasionen soledad y sufrimiento. Además, es una enemiga declarada del *kitsch* y lucha en su contra mediante la búsqueda de lo bello y la cultivación consciente de un fuerte sentido de individualidad.

A pesar de que aparece poco en la narración, su presencia e importancia se sienten a lo largo de toda la novela.

**¿Sabía que...?**

El *kitsch* es un concepto en el arte usualmente asociado a lo barato, lo popular, lo demasiado emocional o carente de distancia crítica. Walter Benjamin, uno de los pensadores que se dedicó a su estudio, lo definió como aquello que ofrece gratificación emocional sin exigir mayor esfuerzo intelectual. Otros lo han definido como un arte falso que confunde al espectador al hacerlo pensar que está experimentando algo profundo.

## FRANZ

Es uno de los amantes de Sabina, a quien idealiza hasta el punto de estar enamorado de una Sabina que no existe. Se trata de un académico exitoso que se siente insatisfecho con su vocación. Es uno de los personajes más políticos de la novela, encantado con las causas de la izquierda y con todo aquello que suene a revolución, lo cual lo hace parecer ingenuo:

> «Era precioso celebrar algo, reivindicar algo, protestar contra algo, no estar solo, estar al aire libre y estar con otros. Las manifestaciones que

bajaban por el bulevar Saint Germain o desde la plaza de la República a la Bastilla, le fascinaban. La masa marchando y gritando era para él la imagen de Europa y su historia. Europa es la Gran Marcha. Marcha de revolución en revolución, de lucha a lucha, siempre adelante» (Kundera 1985, 107-108).

Franz es alguien que se aproxima a la vida con solemnidad y que se esfuerza por dotar de significado todo evento o idea.

# CONSIDERACIONES FORMALES

## EL NARRADOR

El narrador de *La insoportable levedad del ser* es una figura compleja, a veces difícil de leer, que se esgrime como una de las voces narrativas más originales de la literatura de siglo XX. Se refiere constantemente a sí mismo en tercera persona, de manera que se convierte en un personaje dentro de la narración.

Eventualmente, durante el desarrollo de la obra, este narrador-personaje se reconoce a sí mismo como el autor de la novela y el creador de los protagonistas, proporcionándole al lector reflexiones sobre las metáforas y signos que usó para inventarlos. Incluso, en algunos pasajes, profundiza en los detalles de su propia relación con sus creaciones:

> «Los personajes de mi novela son mis propias posibilidades que no se realizaron. Por eso les quiero por igual a todos y todos me producen el

mismo pánico: cada uno de ellos ha atravesado una frontera por cuyas proximidades no hice más que pasar. Es precisamente esa frontera (la frontera tras la cual termina mi yo), la que me atrae. Es más allá de ella donde empieza el secreto por el que se interroga la novela» (Kundera 1985, 246).

Para complicar las cosas todavía más, el narrador impregna la novela con sus propias percepciones sobre lo narrado y le brinda información periférica al lector, usualmente contexto histórico y filosófico, para guiar la decodificación de la obra. Pero esto no es todo: también se vale de pequeños relatos (como el de la muerte del hijo de Stalin, que abarca los primeros capítulos de la sexta parte), los cuales vincula temáticamente con la historia central. Mediante estos relatos logra profundizar más en los problemas filosóficos y estéticos centrales de la novela y matizar las vivencias y percepciones de sus personajes.

Entonces, el narrador de la novela desempeña un rol múltiple, que cobra en diferentes momentos las dimensiones de personaje, autor, crítico e intérprete. Uno de los efectos más importantes de esta polifonía es la reflexión que se hace constantemente sobre las maneras de narrar y el propio acto creativo.

## ESTRUCTURA

*La insoportable levedad del ser* tiene una forma inusual. El lector se encuentra con varias tramas entretejidas que tienen personajes en común, pero cuyos eventos y geografías son muy distantes entre sí. Sin embargo, con la lectura se percibe una conexión temática entre los diferentes hilos argumentales y el resultado es una narrativa coherente. Dos elementos fundamentales para entender cómo está construida dicha narración son:

- la no linealidad. Al evitar un desarrollo cronológico, la novela se resiste a estructuras tradicionales (inicio-nudo-desenlace); en ella, más bien, cada protagonista experimenta su propio clímax por separado. El narrador entremezcla momentos, salta entre pasado y futuro para construir la personalidad de los protagonistas y nos permite dar un vistazo a cómo se han desarrollado sus psiques, además de hablarnos sobre sus vicios, creencias e inseguridades. Al conectar eventos remotos aportando pequeñas historias de objetos cotidianos, inventa signos como el sombrero de Sabina y la maleta de Teresa y los dota de contenido emocional y de una función literaria;

- la repetición. Con ella, el narrador da acceso al lector a una pluralidad de perspectivas, haciendo cada vez más evidente las brechas que se van abriendo entre los amantes. El lector adquiere una posición privilegiada que le permite experimentar cómo a través de este contraste los protagonistas se construyen unos a otros y acaban diferenciándose, separándose. Las narraciones repetidas tienen, además, otro efecto: saturar de significado ciertas secciones de la historia. Dicho simplemente, señalan que hay eventos de gran importancia para los personajes y obligan a reflexionar sobre el efecto que tienen en el curso de sus vidas. Un buen ejemplo de esto es la noche en que Tomás regresa a Praga. Solo viendo a través de ambos los eventos de esa noche, el lector se percata de la infelicidad de la pareja y de los efectos que esta revelación tendrá para el resto de la narración.

La repetición está íntimamente ligada a la idea del eterno retorno. Usando los juegos cronológicos y la repetición constante, no solo de los eventos narrados sino también de pequeñas frases que salpican aquí y allá la escritura, el narrador le imprime circularidad a la estructura narrativa. Esta circularidad apunta a ser la pesadez, el significado que los personajes añoran pero jamás podrán alcanzar.

# TEMÁTICAS Y CLAVES DE LECTURA

## LA LIGEREZA Y EL SENTIDO DE LA VIDA

Como se mencionó anteriormente, la novela de Kundera dialoga constantemente con la teoría del eterno retorno. La negación de este concepto da pie a la aparición de una de las tensiones centrales que estructuran la narración: la oposición entre pesadez y ligereza. La vida ligera, leve, es para Kundera aquella que carece del *peso* del eterno retorno. Es una vida en la que no es posible saber si se toman decisiones correctas, ni es posible responsabilizarse por dichas decisiones, pues las vidas solo transcurren una vez y es imposible usar otras como punto de referencia.

Los personajes que adoptan la ligereza en su forma de vida son Sabina y Tomás. Al principio ambos disfrutan de la libertad inherente en esta levedad: Tomás encuentra comodidad en tener un trabajo servil y Sabina se siente liberada por su capacidad de traicionar a su patria, a sus amantes y, en definitiva, de traicionar cualquier cosa. Con el tiempo ambos se descubren deseando algo de peso, de significado en su existencia. Tomás se desespera al entender su irrelevancia por no poder practicar la medicina y Sabina empieza a cuestionar hacia dónde la llevará el vacío provocado por su estilo de vida. Termina por encontrar que ese vacío es *insoportable*.

Con sus reflexiones en torno a la ligereza, la novela parece estar sugiriendo que, a pesar de que así lo deseemos, es imposible darle significado a la existencia.

## EL AMOR

La novela construye una visión llena de matices alrededor del amor romántico. Recordemos que a lo largo de la obra, gracias a las aventuras de Tomás, se refuerza la noción de que el amor y el sexo son dos fenómenos completamente separados. Pero, además de esto, la historia de Tomás y su esposa, en especial vista desde la perspectiva de Teresa, nos permite ver que en la narración el amor y la felicidad resultan ser antagonistas. Teresa y Tomás se aman y, a pesar de las dificultades políticas, geográficas y laborales que enfrentan, preservan su vida como pareja casada. Sin embargo, está claro que, a pesar de sus sentimientos, no son felices el uno con el otro. Más aún, se causan insatisfacción mutuamente.

Además de esto, el narrador deja claro que el amor de Teresa se origina en lo que podría ser llamado un capricho: un libro abierto sobre la mesa y la música de fondo fueron suficientes para que la mujer decidiera alterar el curso de su vida, abandonar su hogar y juntarse con Tomás.

Por otro lado, se encuentra la relación entre Franz y Sabina. Es una relación en la que los errores de comunicación dominan sus interacciones, a tal punto que el grueso del tercer capítulo está dedicado a explorar una serie de conceptos que ambos entienden de manera disímil. Franz malinterpreta las actitudes de Sabina y es incapaz de hallar el significado en los signos que son importantes para ella (como el sombrero hongo). Por su parte, Sabina es incapaz de comunicarle a Franz todo lo que transcurre en su interioridad y sus interacciones con él se caracterizan por ser silenciosas, por las muchas cosas que no se dicen.

Incluso cuando desaparece de su vida lo hace sin decirle una sola palabra.

Conviene agregar que, tras la partida de Sabina, queda claro que Franz nunca estuvo enamorado de ella, la mujer de carne y hueso, sino del impacto que haber tenido una amante tuvo en su vida:

> «Entonces se percató con sorpresa de que no era desdichado. La presencia física de Sabina era mucho menos importante de lo que había supuesto. Lo importante era la huella dorada, la huella mágica que había dejado en su vida y que nadie podría quitarle. Antes de desaparecer de su vista tuvo tiempo de poner en sus manos la escoba de Hércules, con la cual barrió de su vida todo lo que no quería. Aquella inesperada felicidad, aquella comodidad, aquel placer que le producían la libertad y la nueva vida, ese era el regalo que le había dejado» (Kundera 1985, 176).

Todo esto se combina para crear un contexto en el que la idea tradicional de amor romántico se ve perturbada constantemente por la infidelidad, el destino, el autoengaño y la imposibilidad de la comunicación. Este ambiente de tribulación y sufrimiento emocional se refuerza a través de la guerra e inestabilidad política que sirve como trasfondo para el desarrollo de estos romances.

## LA POLÍTICA

La política es un elemento que persigue a los protagonistas a pesar de los esfuerzos de algunos por distanciarse de esta. Tomás escribe un artículo en contra del régimen comunista. Este escrito le ocasiona problemas durante la invasión soviética y le impide regresar a la medicina a menos que firme una retracción que escribieron para él. Teresa encuentra satisfacción personal y éxito profesional al fotografiar la crueldad de los soldados invasores, pero a su regreso a Praga se ve acosada por la policía secreta. Franz, siempre excitado por las causas revolucionarias, participa de la Gran Marcha sobre Camboya. En medio de una refriega resulta minusválido y eventualmente muere en la perfecta miseria bajo el cuidado de su esposa, a quien desprecia. Estos eventos y las reflexiones de los personajes traicionan una especie de mirada apolítica en la obra, un rechazo al activismo y a los sentimientos que este despierta y una fuerte desilusión frente a los partidos políticos o regímenes en cualquiera de sus formas.

Incluso la propia Sabina, siempre escéptica, se deja seducir por el activismo y se une a una protesta, pero muy pronto siente rechazo. Su reflexión es la siguiente:

> «[...] detrás del comunismo, del fascismo, de todas las ocupaciones y las invasiones, se esconde un mal más básico y general; para ella la imagen de ese mal es una manifestación de personas que marchan, levantan los brazos y gritan al unísono las mismas sílabas» (Kundera 1985, 113).

Detrás del desencanto de estos personajes hay un rechazo a la uniformidad y un señalamiento de que, en último término, estos radicalismos son ambos iguales, ambos vacíos. La política solo les causa angustia. Así pues, no resulta sorprendente que Teresa y Tomás acaben mudándose al campo para alejarse de ella.

# PISTAS PARA LA REFLEXIÓN

## ALGUNAS PREGUNTAS PARA PROFUNDIZAR EN SU REFLEXIÓN...

- ¿Cómo interactúa el narrador de la novela con la historia que está narrando?
- ¿Qué filósofos desempeñan un papel importante en las reflexiones del narrador? ¿Qué efecto cree usted que logra el narrador al mezclar narrativa y reflexión filosófica?
- ¿Qué importancia tienen el destino y las casualidades en la relación de Tomás y Teresa?
- A lo largo de la novela hay un juego entre los conceptos de pesadez y ligereza. ¿Qué significan estos conceptos? ¿Cómo se relacionan con los personajes?
- ¿Cómo utiliza el narrador objetos como la valija de Teresa y el sombrero de Sabina para construir a los personajes que los poseen?
- ¿Qué implicaciones tiene que la novela acabe una noche en la que Teresa y Tomás se confie-

san su felicidad mutua y no con el accidente que les trae la muerte?

- ¿Hasta qué punto *La insoportable levedad del ser* puede ser considerada una novela política?
- ¿Siente que los temas de la novela siguen vigentes hoy en día? Argumente su respuesta.

*¡Su opinión nos interesa!*
*¡Deje un comentario en la página web de su librería en línea,*
*y comparta sus favoritos en las redes sociales!*

# PARA IR MÁS ALLÁ

## EDICIÓN DE REFERENCIA


- Kundera, Milan. 1985. *La insoportable levedad del ser.* Traducido por Fernando Valenzuela. Barcelona: Tusquets.


## ESTUDIOS DE REFERENCIA


- Chitnis, Rajendra A. 2012. "Milan Kundera (1929-): The Idea of the Novel". En *The Cambridge Companion to European Novelists.* Editado por Michael Bell. Cambridge: Cambridge University Press.

- Mai, Joseph. 2014. "Humanity's 'True Moral Test': Shame, Idyll, and Animal Vulnerability in Milan Kundera's 'The Unbearable Lightness of Being'". *Studies in the novel,* vol. 46, n.º 1, 100-116.

- Pichova, Hana. 1992. "The Narrator in Milan Kundera's *The Unbearable Lightness of Being".* *The Slavic and East European Journal,* vol. 36, n.º 2, 217-226.

# LECTURA RECOMENDADA

- Kundera, Milan. 2000. *El arte de la novela*. Traducido por Fernando Valenzuela. Barcelona: Tusquets.

# ADAPTACIÓN

- *La insoportable levedad del ser*. Dirigida por Philip Kaufman, con Daniel Day-Lewis y Juliette Binoche. Estados Unidos: The Saul Zaentz Company, 1988.

# ResumenExpress.com

GUÍA DE LECTURA

## Muchas más guías para descubrir tu pasión por la literatura

www.resumenexpress.com

© ResumenExpress.com, 2018. Todos los derechos reservados.

www.resumenexpress.com

ISBN ebook: 9782806298546

ISBN papel: 9782806298553

Depósito legal: D/2017/12603/331

Cubierta: © Primento

*Libro realizado por Primento, el socio digital de los editores*

Made in the USA
Monee, IL
07 July 2026

56544707R00036